INHALT

BLICK AUF WEIMAR VON OSTEN

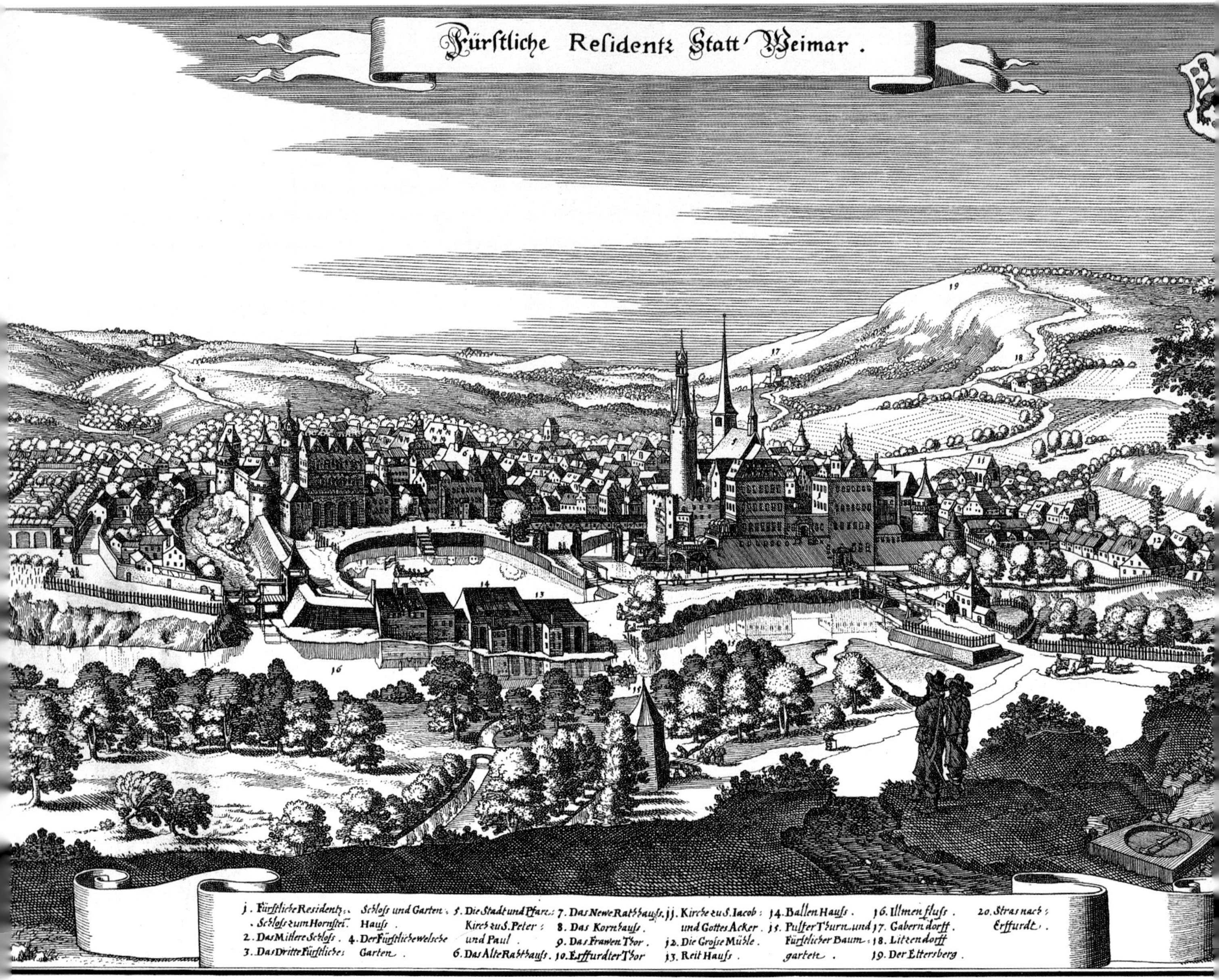

Diese Gesamtansicht hat Matthäus Merian in seiner *Topographia Superioris Saxoniae* 1650 veröffentlicht. Sie zeigt im Vordergrund den herrschaftlichen Schlosskomplex, hinter dem die Stadt wie ein Anhängsel erscheint. Hier fand bildlich der Sozialstatus der Bürgerschaft gegenüber dem Landesherrn Ausdruck. Eine Ratsverfassung gab es erst seit dem 14. Jahrhundert in der um 1250 gegründeten Stadt. Dennoch gingen sämtliche kulturellen Impulse bis zum 19. Jahrhundert ausschließlich vom Fürstenhofe aus. Zögernd drang seit dem 18. Jahrhundert die städtische Bebauung über die Stadtmauern sowie über die Grenzen der beiden mittelalterlichen Vorstädte hinaus, der Frauenvorstadt im Süden (links) und der Jakobsvorstadt im Norden um die damals noch turmlose romanische Jakobskirche der Siedlung „Vvigmara" (Ersterwähnung 899). Nach wie vor bestimmen die einstigen Schlossbauten das Stadtbild, unter ihnen vornehmlich das ehemalige Residenzschloss mit dem von der Burg verbliebenen Schaft des Bergfrieds.

Weimar erhielt seinen (ersten) Bahnhof durch den von der preußischen Staatsbahn durch Thüringen hindurch nach Hessen (Kassel, Frankfurt am Main) vorangetriebenen Schienenstrang. Im Jahre 1846 war Weimar erreicht, und die Stadt erhielt ein repräsentatives Empfangsgebäude mit symmetrischen, in den 1870er-Jahren beigefügten Anbauten, links für Dienstwohnungen, rechts als Fürstenbahnhof. Anfangs befand sich der Bahnhof weit nördlich der Stadt. Erst ab 1863 entstand hier die Bahnhofsvorstadt mit einer auf das Empfangsgebäude gerichteten zentralen Straße. Diese aber winkelt, kaum wahrnehmbar, nach rechts ab. Das hat seine Ursache darin, dass man einen axialen Bezug zur mittelalterlich geprägten Stadtstruktur suchte und ihn in der Rollgasse in der Jakobsvorstadt fand. Auf diese Weise wurde der Standort des 1869 eingeweihten Großherzoglichen Neuen Museums festgelegt, etwa 350 Meter gegenüber dem Bahnhofsgebäude. Ab 1910 entstand das jetzige Empfangsgebäude mit denselben Fluchten wie sein Vorgänger.

VOR 1936 BLICK AUS DEM NEUEN MUSEUM NACH SÜDEN

Der Blick aus dem 1869 eingeweihten Großherzoglichen Neuen Museum setzt den vom Hauptbahnhof initiierten axialen Bezug über den 1875 gesetzten Vimaria-Brunnen mit der namensgebenden Statue der Schutzpatronin der Stadt gegen den Kettenberg zur (verdeckten) Mündung der Rollgasse rechts vom Turm der Jakobskirche fort. Diese Gegend, das Asbachtal, wurde von den Nationalsozialisten auserkoren für den Standort ihres Partei- und Verwaltungszentrums („Gauforum") in der thüringischen Landeshauptstadt – einen Status, den Weimar von 1920 bis 1950/52 hatte. Nach dem „Ersten Spatenstich" 1936 wurden Gebäude abgerissen, die dem Bauvorhaben im Wege standen, und es erfolgte die gänzliche Verfüllung des Tales. Ganze Gassen verschwanden, darunter auch die am Kettenberg. Von den Gebäuden am „Adolf-Hitler-Platz" wurde nur das nördliche, für die NSDAP und ihre Gliederungen bestimmte, vollendet (im Vordergrund links). Alles Übrige blieb Fragment. Der südliche Trakt für die „Gauleitung" und „Reichsstatthalterei", über dem die Turmspitze der Jakobskirche sichtbar ist, verblieb als eine bis zum „Endsieg" verwahrte Baustelle. Der Turm hatte erst etwa zwei Drittel seiner Höhe erreicht. Eine komplette Bezugsfertigkeit wurde auf Befehl der Sowjetischen Militäradministration geschaffen. Zu DDR-Zeiten diente der Komplex Bildungseinrichtungen und Studentenunterkünften. Jetzt residiert hier das Thüringer Landesverwaltungsamt. Den Maßnahmen für das städtebauliche Monstrum hatte auch der Vimaria-Brunnen samt Statue weichen müssen; er wurde abgebaut und ist seitdem verschollen. Seinen Grundriss hat man an ursprünglicher Stelle jüngst im Pflaster des Museumsvorplatzes markiert.

VOR 1936 **VIADUKT UND NEUES MUSEUM**

Der Asbach-Viadukt war 1846 auf Initiative der Eisenbahn-Direktion errichtet worden, um den Droschkenverkehr vom Hauptbahnhof über die einzige chaussierte Straße von Norden her in die Jakobsvorstadt und umgekehrt zu bewerkstelligen. Über den Viadukt gelangte auch die 1899 in Betrieb genommene elektrische Straßenbahn aus ihrem 1897 nördlich des Asbachtales gebauten Depot bei dem gleichzeitig entstandenen Elektrizitätswerk sowie vom Hauptbahnhof in die Innenstadt und zurück. Bei der Errichtung des westlichen Gebäudekomplexes des nationalsozialistischen „Gauforums" wurde alles vernichtet, was den Fundamentierungen im Wege stand, der Rest wurde verschüttet. Unter dem Niveau des südlichen Innenhofes haben Bauarbeiter anlässlich einer Generalrenovierung für die Zwecke des Thüringer Landesverwaltungsamtes im Jahre 2011 zufällig den Viadukt wiederentdeckt. Mit denkmalpflegerischer Folgerichtigkeit wurde das Fragment in die neue Hofgestaltung einbezogen.

UM 1900 **ROLLPLATZ**

Auf dem Rollplatz, dem zentralen Platz der Jakobsvorstadt westlich der namensgebenden einstigen Kirche der Siedlung „Vvigmara“, sollte die Achse vom Hauptbahnhof durch das Neue Museum und über das Asbachtal hinweg mit der für eine Verbreiterung vorgesehenen Rollgasse (links) enden. Am nördlichen Ausgang derselben war das Neue Museum, jetzt aber ist ein Teil des Südflügels des nationalsozialistischen „Gauforums“ sichtbar. Die Wahl des Standortes und der Dimensionen für das von 1928 bis 1930 entstandene Arbeitsamt an der Nordseite des Platzes verdeutlicht die gestalterische Aufwertung desselben sowie die schon im 19. Jahrhundert erwogene Verbreiterung der Rollgasse zugunsten der Blickbeziehung zum Neuen Museum. Zustande kam eine „Korrektur“ der östlichen Bauflucht erst, nachdem dieser Sichtbezug bereits zerstört war. Die Jakobskirche erhielt ihre heutige Gestalt durch fürstliche Anordnung im Jahre 1713. Die nur einjährige Umbauzeit des turmlosen romanischen Saalbaus zu einem barocken Gotteshaus erklärt sich dadurch, dass der mittelalterliche Vorgängerbau lediglich „frisiert“ und unter anderem mit dem Turm versehen wurde.

UM 1930 **JAKOBSPLAN**

Die Jakobsvorstadt hat zwei Plätze, den Rollplatz mit der Pfarrkirche und den Jakobsplan. Dieser war Rastplatz mit Restauration und Ausspanne sowie Hufschmiede (rechts) an der Stichstraße, die von der europäischen Fernhandelsstraße Via Regia nach Süden abzweigte. Der nun innerstädtische Teil dieser Stichstraße ist die Jakobstraße (Bildmitte). Das unvollendet gebliebene nationalsozialistische „Gauforum" hat die südliche Zufahrt zum Jakobsplan gekappt. Nach dem Zweiten Weltkrieg erfolgte keine Korrektur. Im Gegenteil: Hier hat man sich befleißigt, das städtebauliche Vernichtungswerk fortzusetzen. Der Gutshof (links) und der eben restaurierte „Thüringer Hof" (links, außerhalb des Bildausschnitts) hatten einem zehn- bzw. elfgeschossigen Studenten-Internatsgebäude zu weichen, das hier von 1970 bis 1972 entstand. Es wurde als „sozialistische Dominante" im Weimarer Stadtbild gepriesen. Wie das benachbarte „Gauforum" erwies es sich jedoch als städtebauliches Fiasko. Was die Nationalsozialisten sozusagen mit brutaler Breite ihrem urbanistischen Vernichtungswerk zugrunde gelegt hatten, das sollte nun, zur dramatischen Höhe gesteigert, seine Vollendung finden.

UM 1900 **BERTUCH'SCHER GARTEN / WEIMARHALLENPARK**

Westlich der späteren Jakobsvorstadt befand sich hinter einem Abhang sumpfiges Gelände mit mindestens einem Teich, was vermuten lässt, dass sich hier ein germanisches Heiligtum befand und „Weimar“, ins Neuhochdeutsche übersetzt, „Heiligenwasser“ heißen könnte. Die Gegend erscheint seit dem 16. Jahrhundert als „Baumgarten“, der fürstlicherseits im Jahre 1777 an den Gewerbetreibenden Friedrich Justin Bertuch erbrechtlich verpachtet wurde. Dieser ließ sich von 1780 bis 1782 oberhalb des Abhanges in der Sichtachse zwischen dem Turm der Jakobskirche und dem, in den als Park umgestalteten „Baumgarten“ einbezogenen Teich ein Palais errichten (heute der nördliche Teil des Stadtmuseums). Zwischen Bertuch'schem Garten und Palais schob sich gleichsam die von 1930 bis 1932 errichtete Weimarhalle. Die aktuelle Aufnahme zeigt nicht den Erst-, sondern den Nachfolgebau von 1999. Schon die Standortwahl für den Erstbau war auf heftige Kritik gestoßen, weil der Bezug zwischen Palais und Garten sowie zum Bertuch'schen Werkstattkomplex (rechts im Hintergrund der historischen Aufnahme) vernichtet wurde. In der Folge entstand mit hohem gartenkünstlerischen Anspruch der Weimarhallenpark mit der steinernen Einfassung des Teiches.

Die erste Weimarhalle war ab 1930 entstanden; 1932 fand ihre festliche Einweihung als Kultur- und Kongresszentrum statt. Damals schon als nationalsozialistische Propagandabühne missbraucht, nach dem Zweiten Weltkrieg als Kulturhaus der Sowjetarmee mehr zer- als genutzt, nach 1974 für zivile Zwecke notdürftig instandgesetzt, wurde sie für eine erweiterte Nutzung, aber im Sinne des ursprünglichen Plangedankens 1996 denkmalpflegerische Baustelle. Mit völlig unangemessenen Mitteln setzte eine „Entkernung" ein; ihr Ergebnis war der Totalverlust. Für die jetzige Weimarhalle wurde eine Kopie verworfen. Der Neubau befolgt die standörtlichen, die axialen und symmetrischen Bezüge des Vorgängers, verfestigte aber damit die Zäsur zwischen Park und den einstigen Bertuch'schen Baulichkeiten. Das ursprüngliche Palais (rechts im Mittelgrund), das 1780 in die Achse von Jakobskirche und Garten gesetzt worden war, fand sich wie dessen bis 1803 entstandene südliche bauliche Erweiterungen mit dem Corps de Logis (rechts im Vordergrund) erneut in einer Hinterhofsituation wieder. Die neue Situation hatte das ursprüngliche Axialgefüge zerstört. Zur Schaffung eines Vorplatzes wurden die hier befindlichen Bertuch'schen Werkstattgebäude abgerissen.

Die Bezeichnung „Graben" für diesen im Mittelalter entstandenen ungewöhnlich breiten Straßenraum erinnert daran, dass dieser den juristischen und räumlichen Grenzsaum zwischen der einstigen Siedlung „Vvigmara", die nach der Stadtgründung um 1250 in den Status einer Vorstadt geriet, und den nördlichen Fortifikationsanlagen der Stadt bildete, zu denen offenbar ein Graben gehörte. Stehendes Gewässer hatte der Befestigungsgraben nie enthalten können; das abschüssige Gelände ließ das nicht zu. Stattdessen sind seit dem 16. Jahrhundert gestaffelte Teiche belegt, die sich etwa bis zur Mitte des jetzigen Straßenraumes erstreckten und um 1800 im Zusammenhang mit dem Abbruch der Stadtmauern zugeschüttet wurden. Am linken Bildrand ist vor der Gasse zum Rollplatz ein Gebäude sichtbar, das noch heute existiert und zum einstigen Großherzoglichen Museum für Kunst und Kunstgewerbe gehörte.

MUSEUM FÜR KUNST UND KUNSTGEWERBE

Um 1870 entstand am Graben ein Gebäude, das die Mündung der Gasse zum Rollplatz westlich markiert (rechts) und im Jahre 1880 für die Zwecke einer „Permanenten Kunstausstellung" hergerichtet wurde. 1892 erfolgte westlich (im Hintergrund) eine bauliche Erweiterung mit Oberlichtsaal, die zusammen mit einem älteren Gebäude einen Vorhof ergab. Die südliche und die westliche Hoffassade erhielten 1897 ihren Schmuck mit originalen gotischen Fenster- bzw. Türgewänden venezianischer Herkunft. Nach dem Ersten Weltkrieg als Museum liquidiert, 1938 wiederentdeckt, wurde der Oberlichtsaal, jedoch erheblich reduziert, wieder hergerichtet; nur die venezianischen Gewände sind verblieben, die übrigen dagegen verschollen. Gleichzeitig hatte die komplette Neubebauung der Südwestecke der Jakobsvorstadt den einstigen Vorhof des Museums zu einem hinterhofartigen Binnenhof degradiert. Heute muss man den kulturgeschichtlich bedeutsamen, als Kunsthalle „Harry Graf Kessler" dem Stadtmuseum zugesellten Oberlichtsaal mehr suchen, als dass ein einladender Vorhof am jetzigen Goetheplatz ihn finden ließe.

UM 1900 **KLEINE KIRCHGASSE**

Vom Graben zweigt die Große Kirchgasse nach Nordosten, kurz danach die Kleine Kirchgasse nach Norden ab. Beide haben ihre Bezeichnung von der Jakobskirche in der gleichnamigen Vorstadt. Die Kleine Kirchgasse war, als sie im Mittelalter angelegt wurde, auf die Dorfkirche von „Vvigmara", der Ursprungssiedlung Weimars, orientiert. Seit 1713 ist der barocke Turm des Gotteshauses ihr optischer Abschluss. Die enge, beidseitig geschlossen bebaute, in charakteristischer Weise geschwungene Gasse scheint kaum etwas von ihrer Historizität eingebüßt zu haben. Doch der Eindruck trügt. Die Baulichkeiten wurden zu DDR-Zeiten weitestgehend baupflegerisch missachtet; ein Abriss folgte dem anderen. Und noch heute gähnt als Zeugnis verfehlter Baupolitik eine Brache in die Gasse (rechts im Hintergrund). Zögernd jedoch kündigte sich seit den 1980er-Jahren eine Wende an. Den anfangs alternativlos scheinenden Abrissen folgten aktuellen Nutzungsanforderungen entsprechende Neubauten (links) mit denkmalpflegerischer Vernunft.

UM 1900 **KREUZUNG GRABEN / JAKOBSTRASSE**

Die Zäsur zwischen den jetzt „Graben" und „Untergraben" genannten Straßenräumen wird bezeichnet von der Kreuzung mit der Jakobstraße, die nach Norden (links) die gleichnamige Vorstadt, nach Süden die Innenstadt erschließt. Es ist die Stelle, wo die Stichstraße der Via Regia die Fortifikationsanlagen der um 1250 gegründeten Stadt querte und durch das um 1800 abgerissene Jakobstor ins Stadtinnere führte. Hierhin bog die von 1899 bis 1937 betriebene Straßenbahn ein. Abgesehen von Straßenbahn und Vegetation hat sich hier, seitdem die historische Aufnahme entstanden ist, tatsächlich wenig geändert. Im Hintergrund ist nach wie vor das von 1892 bis 1896 errichtete Goethe- und Schiller-Archiv sichtbar. Dessen baukorperliche und dekorative Gestalt folgt – abgesehen von ihrer Breitenerstreckung – fast wie eine Kopie dem von 1764 bis 1768 im Park von Versailles entstandenen Kleinen Trianon, einem der frühesten Architekturwerke des europäischen Klassizismus. Diese Vorlage schien am besten geeignet, dem Archivgut der Weimarer Klassik gleichsam eine architektonische Schatulle zu sein.

UM 1912 **TEICHPLATZ**

Südlich des Grabens, einst hinter zwei Bauzeilen, befindet sich der Teichplatz, der seinen Namen mehr einem ehemals an dieser Stelle vorhandenen Wasserbassin als einem Teich verdankt. Die erheblichen baulichen Veränderungen setzten hier – nach Beseitigung der Wehranlagen mit dem 1847 in der Flucht der äußeren Stadtmauer entstandenen Sparkassengebäude ein. Das Kreditinstitut dehnte sich baulich im 20. Jahrhundert beträchtlich aus. 1912/13 erfolgte eine erste Erweiterung, der die Gaststätte „Am Wallgraben" zum Opfer fiel, deren (Hinter-)Eingang sich auf dem historischen Foto im verschatteten Bereich in der Bildmitte erahnen lässt. Eine zweite Erweiterung fand 1926 statt, durch die das Ursprungsgebäude von 1847 überbaut wurde und die gesamte Bauzeile wich. Seitdem beherrscht die Sparkasse allein die Nordseite des Platzes (wie auch durch ihre Repräsentationsfassaden den entsprechenden Teil des Grabens). Die Westseite des Platzes aber existiert nicht mehr; sie wurde, nun Parkplatz, zu DDR-Zeiten Opfer der Abriss-Ideologie. Als Identifikationsmerkmal ist der 1847 gesetzte Delphinbrunnen verblieben. Die historische Aufnahme des pfeilerartigen Postaments zeigt noch nicht dessen plastische Bekrönung; diese – ein aus einer Schale trinkendes Mädchen – wurde 1928 hinzugefügt.

FRANKE'SCHER HOF

Der Franke'sche Hof nimmt die nordwestliche Ecke der hier einst mit doppelter Mauer umwehrten Stadt ein. Die älteste überlieferte Bildquelle aus dem 16. Jahrhundert zeigt das giebelständige Gebäude (links), dessen Rückseite sich an die innere Stadtmauer lehnt; es ist inzwischen bauarchäologisch auf 1517/18 datiert. Seit 1650 schließt sich rechts (östlich) das mit hervorragenden Stuckdecken versehene Gebäude an. Der östliche Hofflügel entstand im 18. Jahrhundert. Ein Teil desselben war das Torhaus von der Kleinen Teichgasse her mit dem verbliebenen stattlichen Bogenportal (rechts). Dieser Flügel hatte allerdings die Symmetrie des Gebäudes von 1650 empfindlich verletzt; 1984 wurde er abgerissen und hinterließ die erkennbaren Narben. Im Jahre 1778 war der Hof an die fürstliche Staatsregierung gelangt, die hier ihre Landschaftskasse, das herzogliche (seit 1815 großherzogliche) Finanzamt, einrichtete. Die auf der historischen Aufnahme um 1900 über dem Eingang schemenhaft erkennbare Inschrift bezeugt die damalige Nutzung: „Bezirksdirektion d. I. Verwaltungsbezirks von Sachsen-Weimar-Eisenach". Behördlich wurden die insgesamt drei Flügel des Hofes auch weiterhin genutzt, zu DDR-Zeiten derart rücksichtslos, dass Ruinen zurückblieben. Der dritte, südliche Flügel (rechts außerhalb des Bildausschnittes) wurde 1999 abgerissen.

1902 GOETHEPLATZ I

Der Platz ist mehr unbeabsichtigt als planmäßig entstanden, er diente – westlich vor den städtischen Fortifikationsanlagen – als Viehmarkt, wovon seine überlieferte Bezeichnung „Schweinsmarkt“ Kunde gibt. Seine jetzige, rechteckige Grundrissfiguration wurde durch das stattliche, ab 1803 errichtete, anfangs „Alexanderhof“ (nach dem russischen Zaren) benannte Hotel initiiert, das – mit Unterbrechungen – seit 1840 „Russischer Hof“ heißt (links). Am nördlichen Ende (etwa Bildmitte, im Hintergrund) entstand nach Abriss von klassizistischen Bebauungen in den Jahren 1887 bis 1889 das Kaiserliche Post- und Telegraphenamt. Bei mannigfachen gartenkünstlerischen Umgestaltungen des Platzes blieb stets die ihn westlich tangierende Straße für den Droschken-, Straßenbahn-, zuletzt nur noch für den Auto- und Busverkehr erhalten.

UM 1930 GOETHEPLATZ II

Nach der Beseitigung der städtischen Befestigungsanlagen setzte an deren Stelle am damaligen Karlsplatz die Bebauung ein, zunächst – von 1858 bis 1860 – mit der Errichtung des Vereinsgebäudes der „Erholungsgesellschaft". Fortgesetzt und vollendet wurde sie fast gleichzeitig (1859 /60) mit der Errichtung des sogenannten Lesemuseums (rechts). Dieses zitiert stilistisch klassisch antike Bauformen, was ihm den Namen „Nike-Tempel" einbrachte. Das künstlerisch anspruchsvollste Ausstattungsstück des Platzes war das 1907 zu Ehren des sechs Jahre zuvor verstorbenen vorletzten Großherzogs von Sachsen-Weimar-Eisenach gesetzte Carl-Alexander-Denkmal mit bronzenem Reiter auf granitenem Sockel. Den Nationalsozialisten im Wege, wurde es 1938 auf einen Platz zwischen Neuem Museum und Bahnhof verbannt, hier wurde es 1946 auf Anweisung der SED vernichtet – bis auf den Sockel, den man neben seinem Standort vergrub. Eine Baggerschaufel hat ihn bei der Umgestaltung des Platzes 1997 wiederentdeckt. Nach mehrjährigem Denkmalstreit erhielt er schließlich 2003 seinen ursprünglichen Platz wieder. Der Reiter jedoch fehlt.

UM 1900 **JAKOBSTRASSE**

Die Stichstraße von der mittelalterlichen europäischen Fernhandelsstraße Via Regia heißt hier Jakobstraße, bevor sie den ersten Marktplatz (den jetzigen Herderplatz) erreichte. Das an der Ostseite der Straße stehende Kirms-Krackow-Haus ist das bedeutendste. Es hat seinen Ursprung im 16. Jahrhundert, wurde im 18. Jahrhundert – bei Bewahrung der rundbogigen Zufahrt in den Innenhof – umgestaltet sowie mit zweitem Obergeschoss samt Mansard dach vergrößert und war seit 1701 im Besitz der Familie Kirms, der erbrechtlich nach 1823 die Familie Krackow folgte. Franz Kirms war unter anderem für die Finanzgeschäfte des von Goethe geleiteten Hoftheaters zuständig. Die Familie Krackow behielt strenge denkmalpflegerische Obacht über das Verbliebene, das 1917 zum Museum biedermeierlicher Wohnkultur wurde. Zu DDR-Zeiten mit einiger Mühe als Gebäude und Museum bewahrt, erfolgten links und rechts der Verwahrlosung geschuldete Abbrüche. Erst nach 1990 entstanden Ersatzbauten in strikt befolgtem Maßstab. Am Zugang zur Luthergasse verblieb eine Brache. Und die an der Giebelfront des dem Abbruch entgangenen Hauses (links) angebrachte Kaschierung verbirgt den Rest einer jüngst entdeckten Bohlenstube.

RITTERGASSE

Vom ersten Weimarer Marktplatz, dem jetzigen Herderplatz, der funktionell von der Stichstraße der Via Regia initiiert wurde, zweigt südwestlich die Rittergasse ab. Ihren Endpunkt fand sie vor dem einstigen Franziskanerkloster. Dessen Klausur wurde nach der 1533 erfolgten Säkularisierung zur anderweitigen Verwendung freigegeben, so für den Zeughof, zu dessen Besuch von der Rittergasse her, als dieser noch gar nicht so hieß, zwei barocke Torpfeiler einluden. Die historische Aufnahme zeigt sie mit Blick in die Rittergasse. Links hinter dem Pfeiler verdeckt ein stattliches Renaissance-Gebäude die Sicht auf einen Platz. Der rechte Pfeiler steht nach wie vor neben der Nordmauer der einstigen Klosterkirche. Die Randbebauung der Rittergasse wurde weitgehend Opfer der Bombardements im Zweiten Weltkrieg. Nach Trümmerbeseitigungen erfolgten – sehr verspätet – Neubebauungen, anfangs bei Missachtung der einstigen Bauflucht (rechts), später mit dem Versuch, an das Vernichtete gestalterisch zu erinnern.

DONNDORFPLATZ

Die vom Herderplatz nach Südwesten abzweigende Rittergasse mündet in einen Platz, der keinen offiziellen Namen hat. An der Westseite befanden sich bis zu ihrer Zerstörung im Zweiten Weltkrieg Gebäude, die vormals der Rechtspflege und dem Strafvollzug dienten. Das stattliche Haus links auf der historischen Aufnahme war ab 1548 entstanden; der für die sächsischen Fürsten tätige Baumeister Nikolaus Gromann hatte es für sich selbst geschaffen. Ab 1820 waren hier Staatsanwaltschaft, Justizamt und Kriminalgericht untergebracht. Das Gebäude mit dem giebelbekrönten Mittelrisalit war 1713 als Zuchthaus entstanden. Den Platz ziert seit 1895 der Donndorfbrunnen (rechts), dessen Benennung auf den Schöpfer der Brunnenplastik, Adolf von Donndorf, verweist, der diese seiner Mutter gewidmet und seiner Vaterstadt Weimar gestiftet hatte. Der Erstguss steht seit 1881 auf dem Union Square in New York; weitere Abgüsse entstanden für Zwittau in Böhmen und für Stuttgart.

 THEATERPLATZ

Im Jahre 1774 war das Residenzschloss und damit auch die in ihm integrierte höfische Theater-Spielstätte Opfer einer Feuersbrunst geworden. Die Entscheidung für einen eigenständigen baulichen Ersatz für das Theater fiel zugunsten der westlich vor der geschleiften städtischen Wehranlage gelegenen Gegend aus. 1779 entstand hier die neue, offiziell ab 1791 als „Hoftheater" bezeichnete Spielstätte, die 1825 niederbrannte. Den noch im selben Jahr auf gleichem Standort errichteten Neubau zeigt die historische Aufnahme. Vor dessen Fassade wurde 1857 das Goethe-Schiller-Denkmal gesetzt. Der sich verschlechternde bauliche Zustand und veränderte Nutzungsansprüche führten zum Abriss des Hoftheaters, an dessen Stelle – allerdings samt Goethe-Schiller-Denkmal nach Westen versetzt – von 1906 bis 1908 das neue, 1919 in „Deutsches Nationaltheater" umbenannte Gebäude entstand. Dieses war im selben Jahr Tagungsort der Deutschen Nationalversammlung, die der ersten deutschen Republik die Verfassung gab und ihr den inoffiziellen Namen „Weimarer" einbrachte. Den Luftangriffen am Ende des Zweiten Weltkrieges waren hier nur die Fassade, dahinter liegende Foyers und Umfassungsmauern entgangen. Die Wiederherstellung des Ganzen dauerte bis 1948, wobei der Zuschauerraum eine gänzlich andere, 1973 bis 1975 nochmals radikal veränderte Gestalt und das Bühnenhaus seine jetzige Höhe erhielt. Der Platz war, als der Theaterbau von 1825 noch existierte, mit aufwendigen historistischen Gebäuden bebaut worden. Das südliche (links) wurde Opfer des Zweiten Weltkrieges; das nördliche ist zum Opfer einer marktschreierischen Verkaufskultur geworden.

Die heutige Wielandstraße, anfangs „Vorm Erfurther Thore" genannt, begleitete bereits im 18. Jahrhundert, zunächst nur an ihrer Westseite bebaut, den westlichen Teil der hiesigen Stadtbefestigung, nach Anlage des Theaterplatzes zweigte sie von diesem ab. An der Ecke von Platz und Straße befand sich ein ummauerter Garten (links auf der historischen Aufnahme), der zu dem barocken Wohnhaus gehörte. Dieses war von 1803 bis 1813 der Alterssitz des Dichters Christoph Martin Wieland, den der Weimarer Fürstenhof 1772 von der Erfurter Universität nach hier als Prinzenerzieher gelockt hatte und mit dessen Berufung – vor der Goethes (als Minister), Herders (als Superintendent) und Schillers (als Universitätsprofessor in Jena) – das einsetzte, was später als „Weimarer Klassik" bezeichnet werden sollte. Der Garten wich 1896 einem protzigen historistischen Wohn- und Geschäftshaus, dieses 1996 dem Neubau des jetzigen Kaufhauses. Dessen als Umbau getarnte Errichtung als „Goethe-Kaufhaus" begann mit brutalen „Entkernungen". Davon war auch das Wielandhaus betroffen. Verblieben ist hier die Fassade als Fragment mit dem Portal, dessen Schlussstein mit einer Inschrift auf die einstige Wohnstätte des Dichters hinweist.

VOR 1945 **BLICK VOM THEATER**

Der Blick aus dem Obergeschoss des einstigen Hoftheaters nach Osten über die Stadt scheint im Vergleich zu dem vom Deutschen Nationaltheater aus kaum Wandlungen des Stadtbildes erkennen zu lassen. Dieser zumindest für den Bildausschnitt weitgehend zutreffende Eindruck ist denkmalschützerischer Obhut und denkmalpflegerischen Maßnahmen zu danken. Nach wie vor bestimmen die 1823 als Abstellort für Equipagen herrschaftlicher Theaterbesucher entstandene Wagenremise, in der nach mannigfachen Umbauten seit 1995 das Bauhaus-Museum untergebracht ist, und der Nordflügel des 1769 fertiggestellten, ab 1775 als Wittumspalais (der verwitweten Herzogin Anna Amalia) die Ostseite des Theaterplatzes. Prägend für das Stadtbild sind ebenfalls die Stadtkirche St. Peter und Paul (links) und der Schlossturm. Das Wittumspalais überstand den Zweiten Weltkrieg in ruiniertem Zustand; auch die Stadtkirche wurde zur Ruine. Hinter der ehemaligen Wagenremise fehlt ein monumentales Mansarddach. Dieses gehörte zu dem auf dem Gelände des einstigen Franziskanerklosters 1753 für den noch unmündigen Herzog Ernst August II. Konstantin als Palais entstandenen und später als Arsenal (Zeughaus) genutzten Gebäude, das im Zweiten Weltkrieg zwar beschädigt, aber nicht zerstört wurde; das Dachgeschoss samt Obergeschoss verschwand bis 1955.

1930 KAUFSTRASSE

Die Kaufstraße endet im Süden, wo von links die Schloßgasse mündet und rechts die Marktstraße ihren Anfang hat. Dass hier die ursprüngliche Trasse der Stichstraße von der Via Regia unterbrochen wurde, erklärt sich durch die hiesige Grenze, die Weimar durch die Stadtgründung erhielt. Später versperrten Bebauungen der mittelalterlichen Stadterweiterung die Verkehrsentfaltung unmittelbar nach Süden. Das einzige noch heute erhaltene Gebäude auf der historischen Aufnahme ist das sogenannte Löschhaus (rechts angeschnitten). Die Baulichkeiten rechts neben dem als Blickfang von der Kaufstraße aus fungierenden Gebäude wurden 1929 zugunsten einer Kaufhaus-Erweiterung abgerissen. Diese und alles Übrige (mit Ausnahme des links angeschnittenen Hauses, das 1982 einem Neubau wich) wurden Opfer der Luftangriffe im Zweiten Weltkrieg, mehr noch der radikalen Trümmerbeseitigung. Die notwendige städtebauliche Korrektur setzte hier erst ab 1990 ein. Das Löschhaus war um 1514 auf steinernem Erdgeschoss mit – im 19. Jahrhundert verputzten – Sichtfachwerk Obergeschossen errichtet worden; 1954 erfolgte deren Freilegung. Nach „Entkernungen" entstand hinter den denkmalpflegerisch behandelten Straßenfassaden 1997 faktisch ein Neubau.

Die Schloßgasse, von der die Kaufstraße nach Norden (im Hintergrund rechts) abzweigt, bezeichnet die südliche Begrenzung des Suburbiums, der einstigen Dienstsiedlung der Burg. Zwei architektonisch (und memorial) hoch beachtenswerte Gebäude säumen seit den Zwanziger- bzw. Dreißigerjahren des 18. Jahrhunderts die Südseite der Gasse: das Haus mit der Palme (von 1728) und das Kotzebuehaus (links, Letzteres angeschnitten). Die namensgebende Palme im Wappen der Portalbekrönung des ersteren Gebäudes erinnert an die 1617 im Weimarer Schloss gegründete „Fruchtbringende Gesellschaft", eine erlesene Schar adliger und bürgerlicher Dichter und Gelehrter, die sich der deutschen Sprachpflege verpflichtet hatten; in ihrem Wappen hatten sie den „neu entsprossen teutschen Palmbaum" geführt. Die Bezeichnung Kotzebuehaus erinnert an den Dichter August von Kotzebue (1761–1819), der, in Weimar geboren, eine Zeit lang in diesem Hause gelebt hatte. An das Palmenhaus, wo bis 1995 eine der Trümmerbeseitigung nach 1945 geschuldete Brache in den Straßenraum gähnte, schließt sich der heutige Neubau an. Die Nordseite der Schloßgasse (rechts) aber zeugt immer noch von der zu DDR-Zeiten angewandten Vernachlässigungsstrategie mit ihren einkalkulierten Abrissen.

Windischen-
Strasse

Die Marktstraße bezeichnet die einstige nördliche Begrenzung der um 1250 gegründeten Stadt; sie folgt der vormaligen, durch die mittelalterliche Stadterweiterung hinfällig gewordenen Stadtbefestigung. Der Name Marktstraße ist etwas irritierend. In ihr fand weder offizielles städtisches Marktgeschehen statt, noch führt sie, abgesehen von einem Stummel (im Hintergrund rechts), auf den namensgebenden Platz in der Stadterweiterung; sie streicht an ihm nördlich vorbei, ohne ihn zu tangieren, und mündet in die Schloßgasse. Sie trägt diesen Namen übrigens erst seit 1876; vorher hieß sie Breitengasse. Das markanteste architektonische Detail ist nach wie vor der repräsentative Erker des um 1570 entstandenen, anfangs nur dreigeschossigen Hauses (rechts). Gegenüber befindet sich in der von Bombenschäden des Zweiten Weltkrieges betroffenen Nordseite der Straße ein Neubau von 1962. Die Eckbebauungen (links) wurden 1979 abgerissen, zugunsten eines Ersatzes, der von verkrampften Bemühungen Kunde gibt, „modern", aber dennoch „altstadtgemäß" zu bauen. In der aktuellen Aufnahme ist die Feuerwehrzufahrt in den neu entstandenen Innenhof zu erkennen. Im Hintergrund der Straße dominiert jetzt ein nach 1990 entstandenes Gebäude.

UM 1920 **BLICK AUS DER MARKTSTRASSE IN DIE SCHLOSSGASSE**

Als einzige Identifikationsmerkmale verblieben sind in dem Bildausschnitt – abgesehen vom Schlossturm – das Löschhaus (auf dem aktuellen Foto links angeschnitten) und das Palmenhaus von 1728 in der Schloßgasse. Die Eckbebauung (drei Häuser) im Vordergrund wurde 1929 abgerissen – zugunsten der baulichen Erweiterung des 1905 ebenfalls auf Abriss-Grundstücken am Markt errichteten Handelshauses Hermann Tietz (rechts in der historischen Aufnahme angeschnitten). Dieses wie alles bis auf das Palmenhaus haben Bombardements am Ende des Zweiten Weltkrieges schwer beschädigt. Die Trümmerbeseitigung dehnte sich räumlich vom Markt bis an die Marktstraße aus. Die hier dringend notwendige urbanistisch-denkmalpflegerische Korrektur war noch zu DDR-Zeiten ernsthaft beabsichtigt. Zustande kam sie, wieder mit einem Handelshaus, erst nach 1990, allerdings mit einem architektonisch zweifelhaften Ergebnis (das alsbald im Inneren zu erheblichen Veränderungen zwang).

UM 1900 **MARKT / NORD-WEST-ECKE**

Der Markt, der zentrale Platz der im 15. Jahrhundert nach Süden erfolgten Stadterweiterung, erhielt im 16. Jahrhundert seine maßgebliche und im 19. Jahrhundert beträchtlich vergrößerte Gestalt. Von Norden her (rechts) mündet nach wie vor der Abzweig von der Marktstraße (der postalisch ein Stummel der Kaufstraße ist). Links von diesem stand das erste, urkundlich 1396 erwähnte, von 1560 bis 1583 neu errichtete Rathaus, das zusammen mit seiner südlichen Nachbarbebauung fast ein Drittel des jetzigen Platzes in Anspruch genommen hatte. Dadurch war die Handelsstraße, der Abzweig von der Via Regia, in eine extreme Abweichung von ihrer Nord-Orientierung gezwungen worden. Nach einem Brand des Rathauses im Jahre 1837 wurde der Platz vergrößert und bis 1841 das noch heute stehende Rathaus in neugotischem Stil errichtet (auf der historischen Aufnahme links angeschnitten). Die auf der aktuellen Aufnahme rechts sichtbaren Bebauungen entstanden sämtlich nach Beseitigung kriegsbeschädigter Bausubstanz, allerdings erst ab 1989. Im Vordergrund steht der Marktbrunnen, der Nachfolger eines 1540 erwähnten öffentlichen Wasserspenders, der jedoch nicht an derselben Stelle stand. Seine jetzige Bezeichnung Neptunbrunnen gab ihm die 1774 gesetzte steinerne Brunnenplastik. Der Brunnen entging Kriegsbeschädigungen, nicht aber Verwitterungsprozessen. Nach einer ersten Kopie von 1928 wurde 1971 die heutige Neptunfigur aufgesetzt.

1982 MARKT / NORD-OST-ECKE

So, wie vom Obergeschoss des Rathauses 1982 gesehen, erschien die Nordseite des Marktes nach baulich ersatzloser Kriegstrümmerbeseitigung bis 1989 als begrünte Freifläche. Anfangs bestand keine Veranlassung für eine Korrektur. „Licht, Luft und Sonne" hätten hier endlich Einzug gehalten. Einen Impuls für den Wiederaufbau des Ganzen gab die von 1968 bis 1971 entstandene Baukörper- und (weitgehende) Fassadenkopie des von 1526 bis 1547 errichteten Stadthauses, eines Erweiterungsbaus des (vormaligen) Rathauses mit untertägigem Verbindungsgang zwischen diesem und dem „Ratskeller" (rechts angeschnitten). Links davon erfolgte der Wiederaufbau mit vier Baukörperkopien. Bis dahin war der Blick frei auf die Torfahrt der sogenannten Bastille, des Eingangsgebäudes der einstigen Burg.

Durch den um 1500 entstandenen Portalbogen des einstigen Zuganges zur Burg bzw. zum Renaissanceschloss hat man nach wie vor einen Blick auf das Gelbe Schloss (links), auf die Rückseite des Stadthauses und auf den Grünen Markt. Dieser war im Zusammenhang mit der mittelalterlichen Stadterweiterung gleichsam als Vorplatz vor der Zugbrücke der Burg entstanden. An seiner Südseite (links) entstand als Witwensitz der Herzogin Charlotte Dorothea Sophie von 1702 bis 1704 anstelle älterer Bausubstanz das Gelbe Schloss. Seit Ende des Zweiten Weltkrieges war jedoch das, was der Bildausschnitt zeigt, weitgehend verwüstet. So war auch das Gelbe Schloss eine Ruine. Der Grüne Markt hatte durch ersatzlose Trümmerbeseitigungen seine urbane Eigenständigkeit verloren. Und die Ruine des Stadthauses war weitestgehend abgetragen worden. Eine partielle Wiederherstellung des Gelben Schlosses erfolgte bis 1952 für Zwecke der städtischen Verwaltung; nach radikaler „Entkernung" anlässlich der baulichen Einbeziehung der Reste in die Erweiterungen der Herzogin Anna Amalia Bibliothek (2001 bis 2005) verblieb hier nur die Außenfassade. Das Stadthaus ist von 1968 bis 1971 als Baukörperkopie wiedererrichtet worden. Und der Grüne Markt erhielt nach 1990 seine Westseite in „modernen" Formen wieder – gleichwohl städtebaulich bestens eingepasst.

VOR 1937 **MARKT / SÜDSEITE**

Mit Ausnahme der Baufluchten und des seit 1638 als Gasthaus „Zum Schwarzen Bären" bekannten, um 1540 entstandenen Gebäudes (auf der historischen Aufnahme rechts) gibt es keinen Hinweis darauf, dass es sich hier um die Südseite des Marktes handelt. Nach wie vor aber befindet sich links vom „Schwarzen Bären" das Hotel „Elephant", jedoch sind dies gänzlich verschiedene Gebäude. Der an seinem Vordach in der historischen Aufnahme links neben dem „Bären" erkennbare „Elephant" war im Jahre 1696 eröffnet worden und wurde 1937/38 durch einen Neubau bei Inanspruchnahme der linken Grundstücke zu einem der renommiertesten Etablissements der Stadt. Den konkreten Anlass dafür gab der Umstand, dass Adolf Hitler hier bei seinen Propaganda-Reisen Station machte. Der Neurenaissance-Erker akzentuiert den Knick der historischen Bauflucht zwischen dem Stammgebäude und den okkupierten Grundstücken. Den Luftangriffen am Ende des Zweiten Weltkrieges fielen auch hier Gebäude zum Opfer, unter anderem jenes, in dem Johann Sebastian Bach von 1708 bis 1717 seinen Weimarer Wohnsitz hatte (links außerhalb des Bildausschnittes). Die am linken Bildrand des aktuellen Fotos erkennbare Erinnerungstafel für ihn befindet sich an der falschen Stelle.

UM 1908 WINDISCHENSTRASSE

Die Windischenstraße zweigt vom Markt nach Westen ab und begrenzt südlich (links) die Grundstücke, die einst an der erstmals 1383 erwähnten Umwehrung der Stadt lagen, wodurch sich das Abknicken nach Norden (auf beiden Fotos nach rechts) erklärt. Die Bezeichnung „Windischen“ – was Wenden, Slawen bedeutet – lässt auf eine gezielte städtebauliche Integrationspolitik im Mittelalter schließen. Dort, wo links vor dem Knick der Straße der hier bemerkenswerteste Neubau in der aktuellen Aufnahme zu sehen ist, hatte sich nach Kriegszerstörungen, Trümmerbeseitigung und 1959 leichtfertig erfolgtem Abriss des Vorderhauses eine begrünte Brache befunden. Über dieses Grundstück war Friedrich Schiller zu seinem Wohnhaus gelangt, das als Hinterhaus („Haus in der zweiten Reihe“) ursprünglich ein Kaufmann hatte errichten lassen. Auf der Brache entstand von 1985 bis 1988 das Schillermuseum; die aktuelle Aufnahme zeigt dessen Rückseite.

UM 1885 **SCHILLERHAUS**

Das 1777 für einen Kaufmann errichtete heutige Schillerhaus ist in seinem äußeren Erscheinungsbild im Laufe der Zeit nur geringfügig verändert worden. Lediglich das Portal mit seiner Bekrönung, die die Initialen FS (Friedrich Schiller) zeigt, ist eine spätere Zutat. Denn als das Gebäude entstand, ist es von hier aus noch nicht zugänglich gewesen, weil die Einebnung des Wehrgrabens der städtischen Fortifikation noch nicht beendet war. Friedrich Schiller, der das Haus 1802 käuflich erwarb und es im Inneren erheblich umgestalten ließ, hat es nur vom dahinterliegenden Grundstück an der damaligen Windischengasse (heute -straße) aus erreichen können. Schiller starb 1805 in diesem Hause; seit 1847 ist es Museum. Die Neugasse (rechts), die man 1837/38 durch die inzwischen geschlossene Bebauung anstelle der einstigen Stadtmauer schlug, stößt auf die Windischenstraße. Bei den Bombardements im Zweiten Weltkrieg wurde das Schillerhaus nicht getroffen. Jedoch ging unmittelbar hinter dem Museum eine Sprengmine nieder. 1946 konnte es nach Reparaturen wiedereröffnet werden. Die hinter dem Schillerhaus gerissene, 1959 durch Abbruch eines Gebäudes vergrößerte Lücke wurde von 1985 bis 1988 mit dem Bau des Schillermuseums dezent und altstadtgerecht geschlossen.

UM 1895 **SCHILLERSTRASSE**

Die Schillerstraße war als „Esplanade“ auf den ab 1757 erfolgten Einplanierungen der Stadtbefestigungsanlagen entstanden; ihren heutigen Namen trägt sie seit 1853, nachdem das Schillerhaus 1847 als Museum eingerichet worden war. Die historische Aufnahme zeigt die städtebauliche Situation, in die es neben dem 1837/38 erfolgten Durchbruch der Neugasse eingebunden wurde. Links erinnert eine Gartenmauer an die hier einst vorhandene innere Stadtmauer. Dahinter erkennt man ein älteres Gebäude, in welche das heutige Schillerhaus 1777 partiell gleichsam hineingezwängt worden war. Es handelt sich um die älteste bekannte Münzstätte in Weimar, in der bis 1465 Geldstücke geprägt wurden. Im Hintergrund war schon bald nach der Stadtentfestigung der Verlauf der Fortifikation durch Bebauungen versperrt worden. Diese wurden durch das 1903/04 an der Frauentorstraße entstandene Bankgebäude ersetzt, das einen sehr repräsentativen östlichen Blickfang der Schillerstraße darstellt. Hier stand bis zu seinem Abriss 1757 das ursprünglich viertürmige Frauentor, durch das die Stichstraße von der Via Regia einst aus der mittelalterlichen Stadt nach Süden in die Frauenvorstadt führte. Die Frauentorstraße folgt nach wie vor dieser Trasse.

UM 1903 **FRAUENTORSTRASSE**

Beide Aufnahmen zeigen links – fast unverändert – die Mündung der Schillerstraße in die Frauentorstraße. Hier befand sich das namensgebende südliche Stadttor, das anlässlich der Stadterweiterung 1343 mit vier Türmen, zwei vor, zwei hinter der über den wasserführenden Wehrgraben (Schützengraben) führenden Brücke errichtet worden war. Als die Toranlage 1757 niedergelegt wurde, waren drei der Türme schon verschwunden, das Untergeschoss des vierten blieb von den Abrissen verschont. Man hat es in das Kellergeschoss des hinteren Eckgebäudes der Schillerstraße einbezogen. Auf beiden Aufnahmen ist rechts die Mündung der Parkstraße (seit 1949 Puschkinstraße) zu erkennen. Hier setzt sich von der Südseite der Schillerstraße her der im Zusammenhang mit der Entfestigung der Stadt überwölbte, immer noch wasserführende Schützengraben fort. Nach der Überwölbung 1881 entstand die Parkstraße, die baulich repräsentativ ab 1886 gerahmt wurde. Davon zeugt auf der historischen Aufnahme das „Kaiser-Café“, dessen aufwendiges Dekor in den 1950er-Jahren restlos gleichsam mit dem Fassadenhobel beseitigt worden war. Eben findet die Korrektur statt. Anstelle des rechten Eckgebäudes gähnte seit 1945 eine Kriegslücke in den Straßenraum; erst 1995 wurde sie mit dem Sparkassengebäude geschlossen.

UM 1910 **FRAUENPLAN**

Der Frauenplan ist der zentrale Platz der südlich vom Marktplatz gelegenen Frauenvorstadt. Ihren Namen hat sie von der erstmals 1336 erwähnten und im 16. Jahrhundert abgerissenen Marienkirche „Unserer lieben Frau". Auf beiden Aufnahmen dominiert das Haus am Frauenplan (rechts) den Platz, welches ein Kaufmann und Hofbediensteter von 1707 bis 1709 anstelle dreier abgebrochener Häuser hatte errichten lassen. Goethe wurde es von Herzog Carl August 1782 bei Entrichtung eines Mietzinses, 1792 mietfrei überlassen, schließlich 1794 geschenkt. Goethe lebte und wirkte hier bis zu seinem Tode 1832. Seit 1886 ist das Goethehaus Museum. 1945 von Bomben getroffen, konnte es nach erheblichem Reparaturaufwand 1949 wiedereröffnet werden. Im Hintergrund steht links vom Goethehaus nach wie vor das seit 1569 bekannte Gebäude des Gasthauses „Weißer Schwan", das Goethe seinen Gästen empfohlen hatte. Und links neben diesem befindet sich das mit 1757 (an einem verlorenen Portal) datierte Haus, in dem Friedrich Schiller von 1787 bis 1789 als Mieter gewohnt hatte. Auf beiden Aufnahmen ist links der Goethe-Brunnen genannte öffentliche Wasserspender zu sehen. Er wurde 1821 unweit der Stelle gesetzt, wo sich einst die Marienkirche befunden hatte. Zu sehen ist auf der historischen Aufnahme das Original, das heute durch eine Kopie ersetzt ist. An der von schweren Bombenschäden am Ende des Zweiten Weltkrieges betroffenen Nordseite des Platzes wurden sämtliche verbliebenen Gebäude 1961 abgeräumt. Seitdem besteht hier eine begrünte städtebauliche Brache.

WIELANDPLATZ

Noch im frühen 19. Jahrhundert zählte die Öffnung des im Mittelgrund beider Aufnahmen erkennbaren Frauenplanes nach Süden zur Frauentorstraße. Das erklärt sich dadurch, dass an der Mündung in den heutigen Wielandplatz (im Vordergrund) damals die geschlossene städtische Bebauung endete und gleichsam eines „äußeren Frauentores" bedurfte, nachdem das „innere" der städtischen Fortifikationsanlage 1757 abgerissen worden war. Eine erneute Straßensperre war nicht mehr erforderlich, jedoch eine Art Straßenaufsichtsbehörde mit Chausseegeld-Einnahmekasse, für die „Torhäuser" geschaffen wurden (rechts im Vordergrund). Dieses entstand 1821 an der Ecke des Gartens von Goethes Haus am Frauenplan. Der Platz vor dem Torhaus trägt seit 1857 den Namen von Christoph Martin Wieland, der von 1777 bis 1792 hier wohnte. Das am meisten den städtebaulichen Maßstab sprengende Gebäude ist das 1904/05 an der Ecke zur heutigen Steubenstraße, von heftigen Protesten begleitet, errichtete sogenannte Hansahaus (links in der aktuellen Aufnahme). Tatsächlich ist es nur als Blickfang von einer der hinteren, auf den Wielandplatz führenden Straßen her ästhetisch erträglich.

STEUBENSTRASSE

Dass diese Straße, die ursprüngliche, die Frauenvorstadt südliche begrenzende und sich nach Westen ins jüngere Stadterweiterungsgebiet fortsetzende Brauhausstraße, ihren jetzigen Namen trägt, hat seine Ursache in der kurzfristigen Besetzung der Stadt durch US-amerikanische Truppen am Ende des Zweiten Weltkrieges. 1945 wurde sie nach Friedrich Wilhelm von Steuben, dem preußischen Offizier und späteren General(-Major) im nordamerikanischen Unabhängigkeitskrieg benannt. Die Straße war ab 1827 repräsentativ architektonisch geformt worden; das Gebäude rechts in beiden Aufnahmen ist eines der frühesten. Dahinter befand sich das städtische Brauhaus. Nach dessen Brand 1888 entstand bis 1890 der Baukomplex der nun privaten Brauerei, die der vorgegebenen Straßenflucht zwar (fast) folgte, mit seiner Höhenstaffelung (seit 1996 noch zusätzlich akzentuiert) jedoch den hier anfangs gesetzten städtebaulichen Maßstab empfindlich brach. Eine Sprengmine hinterließ am Ende des Zweiten Weltkrieges eine Lücke vor dem Brauereikomplex; nichts weiter als ein Baum kaschierte sie bis 2001. Das Malz- und Sudhaus der einstigen Brauerei wurde nach 1990 für eine Zweigbibliothek der Bauhaus-Universität eingerichtet, und aus der Baulücke streckt sich der von 2001 bis 2005 entstandene Baukörper ihrer Zentralbibliothek, jeden städtebaulichen Maßstab verletzend, in den Straßenraum hinein. Die hinter dem ehemaligen Sudhaus erkennbare Straßenmündung gehört zur Schützengasse, die die einstige Frauenvorstadt westlich begrenzt und am Theaterplatz endet.

VOR 1926 SCHÜTZENGASSE

Nur noch an der links in beiden Aufnahmen sichtbaren Hausecke und an einem einzigen im Hintergrund erkennbaren Gebäude ist hier der Standort identifizierbar. Die Schützengasse hat ihr früheres Antlitz hier nach Abriss des „Poststalles", einer Dependance der Thurn und Taxis'schen Posthalterei, durch eine beträchtliche Erweiterung zugunsten von Neubebauungen verloren. Diese erfolgten von 1925 bis 1927 für Geschäfts- und Wohnzwecke, hinter der jetzigen Straßenflucht auch für ein Lichtspielhaus (nun Kaufhaus) mit seinem Nebeneingang rechts im Bild.

UM 1910 **HEINRICH-HEINE-STRASSE**

Die Heinrich-Heine-Straße folgt der Trasse, auf der man im Spätmittelalter die Stadt durch das Neue Tor (rechts, hinter der Ecke des letzten Gebäudes) in Richtung Erfurt verlassen konnte. Heute mündet die Straße in den Goetheplatz (im Hintergrund), der einst als „Schweinsmarkt" vor den westlichen städtischen Fortifikationsanlagen lag und ab 1803 seine jetzige Gestalt erhielt. Der nordwestliche Eckturm („Kasseturm") blieb dabei als einziges Überbleibsel der Befestigungsanlagen erhalten; er ist der nördliche Blickfang der Heinrich-Heine-Straße. Im Vordergrund rechts befanden sich Gärten, bevor das Hoftheater, vom Theaterplatz her sich baulich mehrfach vergrößernd und spätere Baulichkeiten verdrängend, mit seiner Rückseite bis an die damalige Innere Erfurter Straße stieß.

UM 1908 **SOPHIENSTIFTSPLATZ**

Zwei Gebäude dominieren nach wie vor den Sophienstiftsplatz, der seine Gestalt und seinen Namen erst im späten 19. Jahrhundert erhielt: das Hoftheater mit seiner rückwärtigen Front (links auf der historischen Aufnahme) bzw. das Deutsche Nationaltheater nach der zuletzt 2005 erfolgten Neugestaltung seiner Rückseite und das seit seiner Errichtung weitestgehend unverändert gebliebene namensgebende Sophienstiftsgebäude (rechts). Dieses war anstelle einer Wassermühle (deren Triebgewässer einst den Schützengraben der südlichen Stadtbefestigung gespeist hatte) von 1875 bis 1878 nach dem Fassadenmuster des Palazzo Tabarelli in Trient entstanden – als Stiftung der Großherzogin Sophie für eine Schule „höherer Töchter"; es ist heute die „Parkschule". Von Norden her (links, außerhalb des Bildrandes) schwenkt hier seit dem Mittelalter die Ausfallstraße nach Erfurt ein, und von Osten her (im Hintergrund) verband eine Straße die Innenstadt mit dem hier entstehenden Stadterweiterungsgebiet. Die nach Süden (rechts) zur Steubenstraße führende Straße trägt seit 1991 den Namen des Gründers des Weimarer Bauhauses, Walter Gropius, der unweit von hier, an der Ecke zur Steubenstraße, seinen Wohnsitz hatte.

Das Weimarer Bauhaus hatte in der 1907 an der jetzigen Geschwister-Scholl-Straße gegründeten Großherzoglichen Kunstgewerbeschule seinen Ursprungsort. Im Jahre 1902 war Henry van de Velde von Großherzog Wilhelm Ernst mit dem Auftrag nach Weimar berufen worden, die Entwürfe für den fälligen, 1904 und 1911 errichteten Ersatzneubau der Kunstschule (links in der aktuellen Aufnahme) zu liefern sowie eine Kunstgewerbeschule zu gründen und zu bauen. Das geschah 1905/06 mit Einbeziehung von Bildhauerateliers der Kunstschule (rechts). Van de Velde nahm 1907 den Lehrbetrieb auf; sein Direktorat behielt er bis 1915. Als seinen Nachfolger empfahl er Walter Gropius. Dessen erster Amtsakt war nach seiner Berufung 1919 die Vereinigung der einstigen Großherzoglichen Kunstgewerbeschule und der ehemaligen Großherzoglichen Kunstschule zum Staatlichen Bauhaus Weimar, allerdings (anfangs) mit einer radikalen Konsequenz, deren allgemeine Akzeptanz lange auf sich warten ließ. Heute steht die Bauhaus-Universität, die in den beiden von Henry van de Velde geschaffenen Bauwerken ihre Stammgebäude hat, in der Tradition der von Gropius gegründeten Lehranstalt.

Am Südhang des Ettersberges wurde 1900/01 – dem in Deutschland geradezu grassierenden Denkmalkult um den Reichsgründer von 1871 folgend – der Bismarckturm errichtet. Als Ziel für Ausflüge und Spaziergänge war er sogar noch bis Anfang 1945 öffentlich zugänglich, nachdem ab 1937 hinter ihm die nationalsozialistischen Machthaber das Konzentrationslager Buchenwald (anfangs „KL Ettersberg") hatten anlegen lassen. 1949 wurde er gesprengt und die Reste schließlich 1956/57 gänzlich beseitigt. Der Bismarckturm war dem hier neu inszenierten Denkmalkult im Wege. Von 1954 bis 1958 entstand ein Denkmalkomplex mit gekrümmtem Stelenweg des Leidens hangabwärts (der seinen Anfang dort hat, wo etwa der Bismarckturm stand), mit der dem Gedenken an die Gequälten und Getöteten aus ihren Herkunftsländern gewidmeten „Straße der Nationen" und einer breiten Treppe aufwärts zum „Turm der Freiheit" (Glockenturm).

UM 1939 **KONZENTRATIONSLAGER BUCHENWALD**

Das Konzentrationslager Buchenwald steht für die nationalsozialistische Schreckensherrschaft. Ab 1937 war eine „Antistadt" zu Weimar entstanden, mit eigenem „Rathaus" (Verwaltungsgebäude), „Gesellschaftshaus" (Kasino), Großwohneinheiten (Kasernen) und Villenviertel (SS-Führersiedlung), Bahnhof, Postamt, Wasserwerk, Kläranlage sowie Park, Falkenhof und Bärenzwinger, Produktionsstätten und dem Häftlingslager für die Arbeitssklaven aus (fast) ganz Europa. Beide Aufnahmen zeigen das Gelände des ehemaligen Häftlingslagers vom erhaltenen Torgebäude aus. Nach der angesichts heranrollender US-amerikanischer Panzerkolonnen erfolgten Flucht der SS-Wachmannschaft und dem Hissen der weißen Fahne auf dem Torgebäude seitens der Lagerinsassen verblieb das von Bombardements baulich Verschonte unangetastet. Noch 1945 aber richtete nach dem Abzug der Amerikaner die Sowjetische Militäradministration hier ein Internierungslager („Speziallager Nr. 2") für Nationalsozialisten ein, in dem jedoch auch andere Menschen inhaftiert wurden, unter anderem Opfer von Denunziation. Nach Auflassung des Speziallagers 1950 sollte alles (mit Ausnahme des Torgebäudes) zugunsten der südlich anzulegenden monumentalen Weihestätte beseitigt werden. Tatsächlich entstand hier zeitlich parallel mit der Anlage des Denkmalkomplexes ein riesiges Freilichtmuseum mit den verbliebenen Baulichkeiten. Von diesen zeigen beide Aufnahmen das sogenannte Effektenkammergebäude (rechts, im Hintergrund), den Aufbewahrungsort für konfisziertes Gut der Häftlinge.

WEIMAR-NORD

Das Leid der Wohnungssuchenden endgültig aus der DDR zu verbannen, machte man sich 1973 mit einem Wohnungsbauprogramm anheischig, das bis 1990 erfüllt sein sollte. Spätestens 1980 war jedoch dessen Unerfüllbarkeit abzusehen; dennoch war man nicht müde, die verfehlte Bau-, Wirtschafts- und Sozialpolitik als Erfolgsmodell zu rechtfertigen. Alle Hoffnungen waren schließlich auf das industrielle Bauen auf „grüner Wiese" gesetzt worden, ohne baukünstlerischen und hohen städtebaulichen Anspruch. Schon 1964 hatte mit einem experimentellen Wohnblock das alsbald großzügig geplante Betonplatten-Neubaugebiet Weimar-Nord eingesetzt. Ab 1978 folgte ein zweites, Weimar-West; gänzlich verwirklicht wurden beide nicht. Die Aufnahme von 1979 zeigt die drei 1967 in Weimar-Nord fertiggestellten zehngeschossigen Appartementhäuser und die Kaufhalle (links) an einer als zentraler Platz gedachten Stelle. Inzwischen haben Vegetation und füllende geringgeschossige Gebäude die ursprünglich geplante städtebauliche Tristesse gemildert.

In der Buchreihe EINST UND JETZT sind bislang erschienen:

BAND 1
BAD FREIENWALDE

BAND 2
FRANKFURT (ODER)

BAND 3
RÜDERSDORF BEI BERLIN

BAND 4
EISENHÜTTENSTADT

BAND 5
SCHWEDT/ODER

BAND 6
LAND BRANDENBURG

BAND 7
STRAUSBERG

BAND 8
EBERSWALDE

BAND 9
COTTBUS

BAND 10
KIRCHEN IM ODERBRUCH

BAND 11
GÖRLITZ

BAND 12
UNIVERSITÄT POTSDAM

BAND 13
BEESKOW

BAND 14
MEDIENSTADT BABELSBERG

BAND 15
SACHSEN-ANHALT

BAND 16
FÜRSTENWALDE

BAND 17
BERNAU

BAND 18
HENNIGSDORF

BAND 19
FLUGHAFEN SCHÖNEFELD

BAND 20
INSEL USEDOM

BAND 21
HOCHSCHULE EBERSWALDE

BAND 22
BRANDENBURG AN DER HAVEL
BAND 1

BAND 23
ORANIENBURG

BAND 24
NEURUPPIN

BAND 25
FREDERSDORF-VOGELSDORF

BAND 26
WILDESHAUSEN

BAND 27
GESTÜTE IN NEUSTADT/DOSSE

BAND 28
PRENZLAU

BAND 29
UNTERNEHMEN IN
OSTBRANDENBURG

BAND 30
NEUENHAGEN BEI BERLIN

BAND 31
RATHENOW

BAND 32
LANDKREIS BARNIM

BAND 33
BRANDENBURG AN DER HAVEL
BAND 2

BAND 34
GANDERKESEE

BAND 35
STADTSCHLOSS POTSDAM /
LANDTAG

BAND 36
BREMEN-SCHWACHHAUSEN

BAND 37
BERLIN-SCHÖNEBERG

BAND 38
STETTIN / SZCZECIN

BAND 39
GUBEN-GUBIN

BAND 40
NATIONALPARK
UNTERES ODERTAL

BAND 41
LAND BRANDENBURG
100 UNTERNEHMEN
AUS 25 JAHREN

BAND 42
WEIMAR

INSEL USEDOM
STETTIN
MECKLENBURG
VORPOMMERN
PRENZLAU
SCHWEDT
BRANDENBURG
NATIONALPARK UNTERES ODERTAL
POLEN
NEURUPPIN
EBERSWALDE
ODER
NEUSTADT/DOSSE
BAD FREIENWALDE
ODERBRUCH
BERNAU
ORANIENBURG
STRAUSBERG
RATHENOW
HENNIGSDORF
NEUENHAGEN
FREDERSDORF-VOGELSDORF
RÜDERSDORF
POTSDAM
BABELSBERG
FÜRSTENWALDE
FLUGHAFEN
SCHÖNEFELD
FRANKFURT (ODER)
SŁUBICE
BRANDENBURG/
HAVEL
ODER
BEESKOW
EISENHÜTTENSTADT
SACHSEN
ANHALT
GUBEN
COTTBUS
NEISSE
GÖRLITZ
NEISSE
SACHSEN
WEIMAR
THÜRINGEN